글 이미애
중앙대학교에서 문예창작학을 공부했으며, 현재 어린이책 작가로 활동하고 있습니다.
눈높이문학상, 새벗문학상, 삼성문학상을 받았으며 할머니가 되어서도 좋은 동화를 쓰고 싶은 꿈이 있습니다.
쓴 책으로는 〈반쪽이〉, 〈무엇이 무엇이 똑같을까〉, 〈이렇게 자 볼까? 저렇게 자 볼까?〉, 〈가을을 만났어요〉,
〈에헤야데야 떡타령〉, 〈아버지가 남긴 돌 고인돌〉, 〈동궁마마도 힘들었겠네〉, 〈달려라 축제버스〉 등이 있습니다.

그림 김연주
이화여자대학교에서 유아교육을 전공하고 동 대학 디자인대학원에서 정보디자인을 전공했습니다.
현재 프리랜서 일러스트레이터로 활동하고 있으며, 그림으로 어린이들에게 말을 거는 작가가 되고자 합니다.
그린 책으로는 〈성냥팔이 소녀〉, 〈은빛 늑대〉, 〈소공자〉, 〈조선의 삐딱이〉 등이 있습니다.

감수 신항균
성균관대학교 대학원 수학과를 졸업했습니다.
공군사관학교와 우석대학교 교수를 역임했고,
미국 애리조나 주립대학교 수학과 교환교수로도 활동한 바 있습니다.
지금은 서울교육대학교 수학교육과 교수로 재직 중이며,
동 대학교 초등수학교육연구소장으로 있습니다.
또한 서울교육대학교 영재교육원 운영위원으로도 활동하고 있습니다.
초등학교와 중학교, 고등학교에 이르기까지 수학교과서 집필책임교수로 활동했고,
저서로는 〈수학사와 수학이야기〉, 〈클릭 수학나라〉, 〈영재들의 1등급 수학교실 시리즈〉가 있습니다.

2단계 그림그래프 28

숲속 별 달달이

글 **이미애** 그림 **김연주** 감수 **신항균**
펴낸곳 **(주)아람키즈** | 펴낸이 **이소영** | 주소 **서울특별시 성동구 성수이로 147 아이에스비즈타워 2F**
고객센터 **1644-4521** | 팩스 **02-468-5548** | 홈페이지 **www.aramkids.co.kr** | 출판등록 **제2020-000011호**
기획 편집 디자인 **(주)아람키즈 하늘땅**
ISBN **979-11-6543-569-1 979-11-6543-509-7(세트)**

숲속별 달달이

글 이미애
그림 김연주
감수 신항균

아람키즈

숲속 유치원에 백곰 *요리사가 찾아왔어요.
"세상에서 가장 맛있는 요리를 만들어 줄게요!"
백곰 요리사의 말에 모두들 신이 났지요.

"어디 보자, 무슨 맛의 요리를 만들까요?"
백곰 요리사가 친구들에게 물었어요.

"땅콩처럼 고소한 요리요!"
토끼가 말했어요.

"고추처럼 매콤한 요리요!"
표범도 외쳤지요.

"사탕처럼 달콤한 요리요!"
여우도 말했어요.

백곰 요리사는 땅콩, 고추, 사탕 그림의 표지판을 세웠어요.
"좋아하는 맛의 표지판 앞에 줄을 서세요.
가장 긴 줄의 표지판 맛대로 오늘의 요리를 만들 거예요."
하지만 친구들은 삐뚤빼뚤 줄을 섰어요.
"난 매콤한 맛도 달콤한 맛도 다 좋은데……."
다람쥐는 표지판을 이리 기웃 저리 ***기웃거렸어요.**
코끼리는 두 표지판 사이에 걸쳐 섰고요.

"자, 모두들 표지판 앞에 똑바로 서야 해요.
그래야 어느 줄이 가장 긴지 알 수 있으니까요."
그제야 친구들은 가지런히 줄을 섰어요.
"사탕 그림 표지판의 줄이 가장 길어요.
달콤한 맛을 좋아하는 친구가 가장 많으니까
오늘의 요리는 달콤한 요리로 하겠어요!"

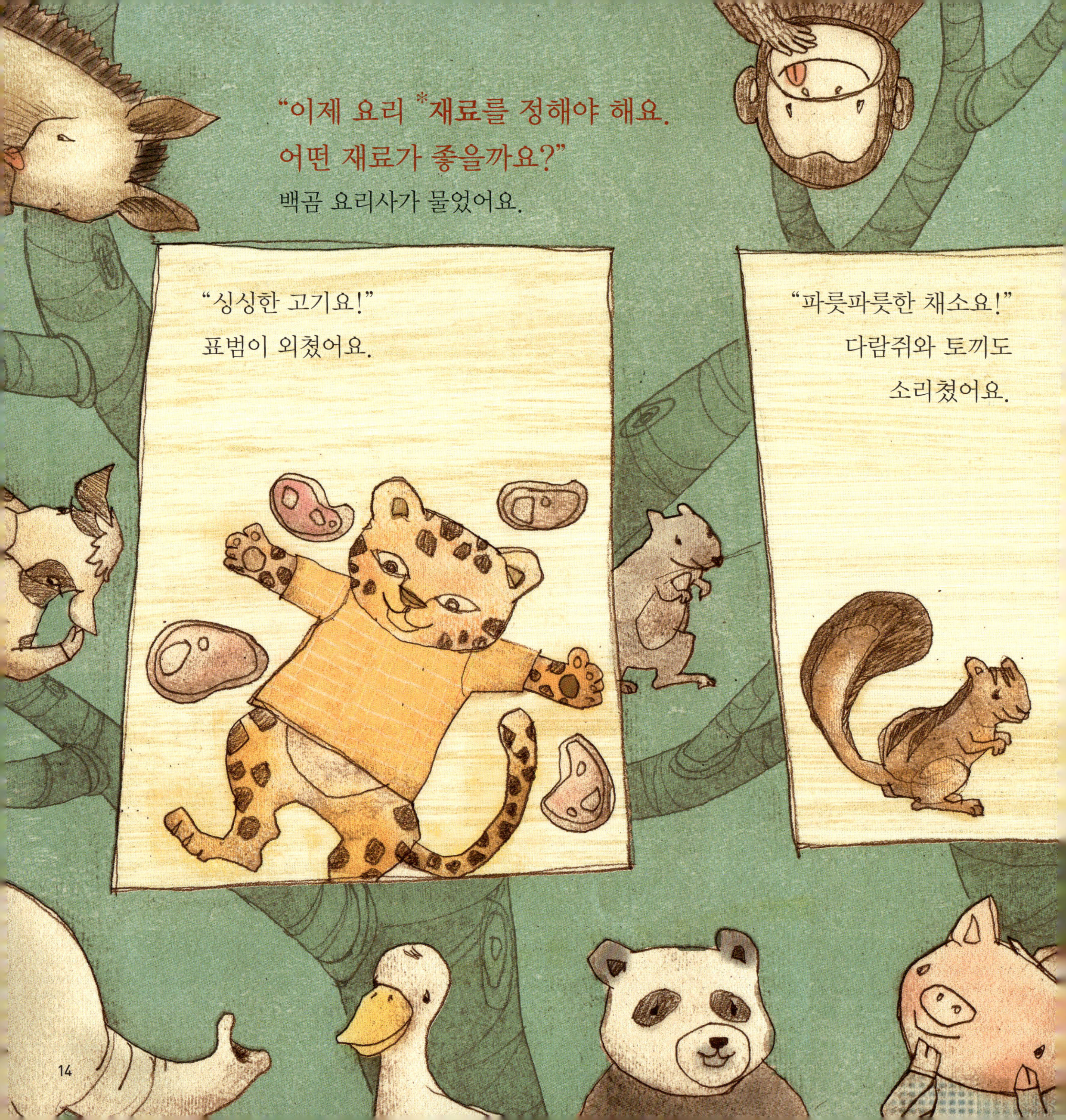

"이제 요리 *재료를 정해야 해요.
어떤 재료가 좋을까요?"
백곰 요리사가 물었어요.

"싱싱한 고기요!"
표범이 외쳤어요.

"파릇파릇한 채소요!"
다람쥐와 토끼도
소리쳤어요.

"펄떡이는 물고기요!"
여우 남매도 말했지요.

"좋아하는 재료를 한 가지씩 가져와
이 앞에 쌓아 보세요."

백곰 요리사의 말에 친구들은
*엎치락뒤치락 재료를 쌓았어요.
"어휴, 이렇게 마구 쌓아 놓으면 무슨 재료가
얼마나 있는지 알아볼 수가 없어요."

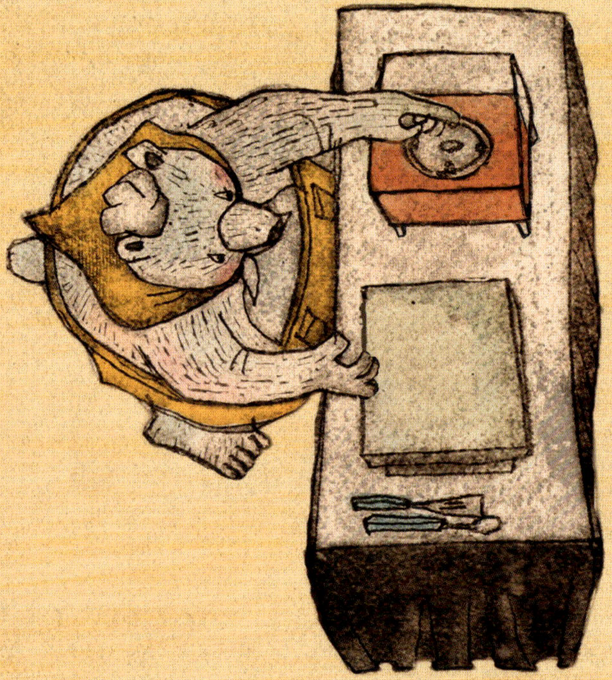

백곰 요리사는 반짝반짝 은색 *돗자리를 가져왔어요.
"돗자리에 고기는 고기끼리, 채소는 채소끼리,
물고기는 물고기끼리 한 줄로 늘어놓아요."
그러자 **고기**와 **채소 줄**이 **똑같이 길었어요**.
"고기나 채소를 좋아하는 친구가 많으니까
요리 재료는 고기와 채소로 하겠어요!"

"요리의 맛과 재료는 정해졌고,
이제 어디에 요리할지 정해야 해요. 뭐가 좋을까요?"

"지글지글 볶을 수 있는 프라이팬요!"

"부드럽게 삶을 수 있는 냄비요!"

"바삭바삭 구울 수 있는 *__석쇠__요!"

그때 백곰 요리사가 세 종류의 자석을 가져왔어요.
프라이팬과 냄비와 석쇠가 그려진 자석이었지요.

"세 가지 자석 중 한 개를 골라 냉장고에 붙여요."

친구들은 앞다퉈 각자 좋아하는 자석을 붙였어요.

"프라이팬 자석이 가장 많아."

코끼리가 긴 코를 휘저으며 말했어요.

"아니야! 석쇠 자석이 가장 많아."

여우가 꼬리를 세우며 말했어요.

하지만 자석들이 너무 제멋대로 붙어 있어

누구 말이 맞는지 알 수 없었지요.

"자석을 종류별로 정리하면 되지요."
백곰 요리사는 재빨리 자석들을 가지런히 붙였어요.

자석들 중 **가장 줄이 긴 것**은 **프라이팬**이었어요.

"프라이팬을 고른 친구가 가장 많으니까
오늘의 요리는 프라이팬에다 하기로 해요!"

백곰 요리사는 커다란 프라이팬을 불 위에 올려놓았어요.

Oil

"지금부터 하는 요리의 이름은 내 멋대로 정해도 되겠지요?
뭐가 있을까? 그래, 숲속 별 달달이가 좋겠어!"

백곰 요리사는 콧노래를 부르며 프라이팬에 기름을 둘렀어요.
고기와 채소가 들어간 달콤한 요리가 지글지글 익기 시작했어요.
백곰 요리사는 주머니에서 슬쩍 병 하나를 꺼냈어요.
병에는 '기막혀 ***소스**'라고 적혀 있었지요.

"우아, 맛이 기막혀요!"

"입 안에서 살살 녹아요!"

"어떻게 하면 이런 맛을 내지요?"

백곰 요리사는 씩 웃기만 했어요.

자기만의 비밀이라나요.

그 뒤 백곰 요리사는 아주 바빠졌어요.

바로 '기막혀 소스' 덕분이었지요.

엄마가 보기

그림그래프에 대해 알아보아요

그림그래프는 여러 가지 **자료를 모으고 종류별로 분류하여 한눈에 알아보기 쉽게 그림이나 기호로 나타낸 것**입니다. 예를 들어 아이가 먹고 싶어 하는 음식의 종류와 다른 친구들이 먹고 싶어 하는 음식의 종류가 다를 때, 가장 많은 친구들이 먹고 싶어 하는 음식으로 정하자고 제안할 수 있습니다. 이럴 때, 그림그래프를 만들어 보는 것이 좋습니다.

그림그래프를 만들려면 먼저 여러 사물 중에서 좋아하는 것을 하나씩 고르게 합니다. 그런 다음, 고른 사물을 같은 것끼리 한 줄로 쭉 늘어놓게 하세요. 어느 줄이 가장 긴지 확인하고, 가장 긴 줄이 바로 가장 많은 사람이 골라낸 것임을 확인시켜 주세요. 아이가 그림그래프를 만들 때는 각각의 자료가 뒤섞이지 않게, 같은 것끼리 모아서 한 줄로 늘어놓게 도와주세요. 그리고 그래프를 통해 사물의 많고 적음을 비교할 수 있도록 해 주세요. 그래프를 이루는 요소의 수를 세어 보기 전에, 먼저 그래프의 모양만 보고도 한눈에 가장 길거나 짧은 줄을 알아보는 것이 중요합니다.

아이가 보기

어떤 요리가 가장 인기 있었나요?

동물 친구들이 좋아하는 맛은 서로 달랐어요.
그래서 좋아하는 맛의 표지판 앞에 줄을 서서 오늘의 요리를 정하기로 했지요.

사탕 그림 표지판의 **줄**이 **가장 길었어요.**
달콤한 맛을 좋아하는 친구가 가장 많았지요.

고기와 **채소 줄**이 **똑같이 길었어요.**
고기나 채소를 좋아하는 친구가 많았지요.

함께 해 보아요

동물원 우리 속에서 원숭이들이 놀고 있어요.
원숭이들은 서로 다른 색깔의 윗옷을 입고 있어요.

빨강 윗옷, 노랑 윗옷, 파랑 윗옷을 입은 원숭이는 각각 몇 마리인가요?
원숭이의 수를 세어 보고 그 수만큼 그래프에 색을 칠해 보아요.

빨강 윗옷을 입은 원숭이

노랑 윗옷을 입은 원숭이

파랑 윗옷을 입은 원숭이

여우네 집에서 맛있는 쿠키를 만들어요.
쟁반 위에는 동그란 쿠키와 네모난 쿠키가 놓여 있어요.

동그란 쿠키가 더 많을까요, 네모난 쿠키가 더 많을까요?
쿠키의 수를 세어 보고 그 수만큼 그래프에 색을 칠해 보아요.

동그란 쿠키 네모난 쿠키